48 Insalate Ad Alto Contenuto Proteico Per Bodybuilders:

Incrementa I Muscoli, Non Il Grasso, Senza Siero Del Latte, Latte O Integratori Proteici Sintetici

Di

Joseph Correa

Nutrizionista Sportivo Certificato

DIRITTI D'AUTORE

© 2016 Correa Media Group

Tutti i diritti riservati

La riproduzione o la traduzione di qualsiasi parte di questo lavoro al di là di quanto consentito dalla sezione 107 o 108 degli Stati Uniti Copyright 1976, senza l'autorizzazione del titolare dei diritti è illegale.

La presente pubblicazione è stata progettata per fornire informazioni accurate e autorevoli in materia di

Il tema trattato viene venduto con la consapevolezza che né l'autore né l'editore si impegnano a fornire consulenza medica. In caso di consultazione o di assistenza medica, consultare un medico. Questo libro è considerato una guida e non deve essere utilizzato in alcun modo che possa essere dannoso per la salute. Consultare un medico prima di iniziare questo piano nutrizionale per assicurarsi che sia giusto per te.

RINGRAZIAMENTI

Alla mia famiglia che ha reso possibile la realizzazione ed il successo di questo libro.

48 Insalate Ad Alto Contenuto Proteico Per Bodybuilders:

Incrementa I Muscoli, Non Il Grasso, Senza Siero Del Latte, Latte O Integratori Proteici Sintetici

Di

Joseph Correa

Nutrizionista Sportivo Certificato

CONTENUTI

Diritti d'autore

Ringraziamenti

Cenni sull'autore

Introduzione

48 Insalate Ad Alto Contenuto Proteico Per Bodybuilders

Altri grandi titoli dell'autore

CENNI SULL'AUTORE

Come nutrizionista sportivo certificato e atleta professionista, sono fermamente convinto che una corretta alimentazione ti aiuterà a raggiungere i tuoi obiettivi più velocemente e in modo efficace. La mia conoscenza ed esperienza mi ha aiutato a vivere in modo più sano nel corso degli anni che ho condiviso con la famiglia e gli amici. Quanto più si sa di mangiare e bere in modo sano, tanto prima si vorrà cambiare la tua vita e abitudini alimentari.

Avere successo nel controllare il peso è importante in quanto permetterà di migliorare tutti gli aspetti della tua vita.

La nutrizione è una parte fondamentale nel processo per ottenere una forma migliore e questo è tutto ciò che è contenuto nel libro.

INTRODUZIONE

48 insalate ad alto contenuto proteico per Bodybuilders. Questi pasti contribuiranno ad aumentare il muscolo in maniera organizzata con l'aggiunta di grandi porzioni sane di Proteine alla tua dieta. Essere troppo occupato a mangiare correttamente a volte può diventare un problema ed è per questo che questo libro ti farà risparmiare tempo e contribuirà a nutrire il tuo corpo per raggiungere gli obiettivi che desideri. Assicurati di sapere cosa stai mangiando per preparartelo da solo o avere qualcuno che lo prepara per te.

Questo libro ti aiuterà a:

- Incrementare la muscolatura velocemente.

- Migliorare il recupero muscolare.

- Avere più energia.

- Mangiare con gusto.

- Accelerare il tuo metabolismo in modo naturale per avere più muscoli.

- Migliorare Il tuo sistema digestivo.

Joseph Correa è un nutrizionista sportivo certificato ed un atleta professionista.

48 INSALATE AD ALTO CONTENUTO PROTEICO PER BODYBUILDERS

1. Insalata di pollo

Ingredienti:

3 polli disossati senza pelle, metà petto

1 tazza di lattuga tritata

5 pomodorini

2 cucchiai di crema light

1 cucchiaio di olio d'oliva

1 cucchiaino di prezzemolo tritato

1 cucchiaio di olio di girasole

1 cucchiaino di pepe tritato peperoncino

1 cucchiaio di succo di limone

sale q.b.

Preparazione:

Tagliare le due metà dei petti di pollo a dadini. Mescolare olio di girasole, prezzemolo tritato, peperoncino e succo di limone per ottenere una salsa marinata. Mettere i cubetti di pollo in una teglia da forno, cospargere con il peperoncino rosso marinato e cuocere in forno a 350 gradi per circa 30 minuti. Togliere dal forno.

Nel frattempo, mescolare pomodorini con lattuga tritata e crema light. Aggiungere cubetti di pollo e condire con sale e olio d'oliva.

Valori nutrizionali per una tazza:

Carboidrati 12.9g

Zucchero 5.1g

Proteine 16,4 g

Grassi totali (grasso buono monoinsaturo) 9.9g

Sodio 114.2 mg

Potassio 83.2mg

Calcio 42.4mg

Ferro 0.59mg

Vitamine (vitamina A, B-6, B-12; C; D, D2, D3, K, riboflavina, niacina, tiamina, K)

Calorie 81

2. Insalata ai peperoni rossi

Ingredienti:

1 tazza di peperoni rossi tritati

4 uova

1 cucchiaio di mais

1 pomodoro piccolo

1 cucchiaio di olio d'oliva

1 cucchiaino di aceto

sale q.b.

Preparazione:

Far bollire le uova per circa 10 minuti. Togliere dall'acqua e lasciarle raffreddare. Sbucciarle e tritarle a dadini. Mescolare con gli altri ingredienti e condire con olio d'oliva, aceto e sale. Conservare in frigo per 20 minuti prima di servire.

Valori nutrizionali per una tazza:

Carboidrati 13.1g

Zucchero 4.8g

Proteine 17,2 g

Grassi totali (grasso buono monoinsaturo) 11.7g

Sodio 123,9 mg

Potassio 84 mg

Calcio 42.2mg

Ferro 0.35mg

Vitamine (vitamina A, B-6, B-12; C; D, D2, D3, K, riboflavina, niacina, tiamina, K)

Calorie 79

3. Insalata di fagioli

Ingredienti:

1 tazza di fagioli in scatola

1 pomodoro medio

1.5 tazza di ricotta

1 cucchiaino di salsa di aglio

1 cucchiaio di olio di semi di lino

Sale e pepe a piacere

Preparazione:

Mettere a bagno i fagioli in acqua per 30 minuti. Rimuoverli e lavarli. Tagliare il pomodoro a pezzetti e mescolare con gli altri ingredienti. Condire con sale e pepe. Servire freddo.

Valori nutrizionali per una tazza:

Carboidrati 13.1g

Zucchero 6.9g

Proteine 16,7 g

Grassi totali (grasso buono monoinsaturo) 9.9g

Sodio 132.4 mg

Potassio 83.9mg

Calcio 43.1mg

Ferro 0.79mg

Vitamine (vitamina A, B-6, B-12; C; D, D2, D3, K, riboflavina, niacina, tiamina, K)

Calorie 78

4. Insalata di ricotta

Ingredienti:

2 tazze di ricotta

2 cucchiai di crema light

3 uova sode

1 tazza di lattuga tritata

1 tazza di cetriolo tritato

1 cucchiaino di menta

1 cucchiaio di olio di mandorle

sale q.b.

Preparazione:

Schiacciare l'uovo e mescolare con formaggio e crema fino a quando si otterrà una miscela liscia. È possibile utilizzare un miscelatore elettrico. Unire il composto con lattuga e cetrioli tritati, condire con olio e sale. Cospargere di menta. Servire freddo.

Valori nutrizionali per una tazza:

Carboidrati 16.4g

Zucchero 9,2 g

Proteine 19,2 g

Grassi totali (grasso buono monoinsaturo) 13,9 g

Sodio 146mg

Potassio 79mg

Calcio 51.1mg

Ferro 0.67mg

Vitamine (vitamina A, B-6, B-12; C; D, D2, D3, K, riboflavina, niacina, tiamina, K)

Calorie 95

5. Costolette di agnello con peperoni

Ingredienti:

3 cotolette di agnello sottili

2 peperoni verdi, tagliati

1 pomodoro medio

½ tazza di fagioli in scatola

1 cipolla piccola

1 cucchiaio di olio vegetale

Sale e pepe a piacere

Per la marinata:

¼ di tazza di aceto di vino rosso

¼ tazza di succo di limone

1 cucchiaino di pepe macinato

2 cucchiai di olio vegetale

Preparazione:

Mescolare gli ingredienti della marinata in una piccola ciotola. Mettere a bagno le costolette di agnello e tenere in frigo per circa un'ora. Rimuovere dal frigorifero e friggere in una padella, a media temperatura, per circa 15 minuti su ogni lato. È possibile aggiungere un po' di acqua, (½ tazza dovrebbe essere sufficiente). Togliere dalla padella e tagliare a dadini.

Lavare e tagliare il pomodoro a fette sottili. Sbucciare e tagliare la cipolla. Mescolare con gli altri ingredienti, aggiungere le cotolette e condire con olio e sale.

Valori nutrizionali per una tazza:

Carboidrati 15.1 g

Zucchero 7.7g

Proteine 17,8 g

Grassi totali (grasso buono monoinsaturo) 12.8g

Sodio 143.3 mg

Potassio 95.4mg

Calcio 49.6mg

Ferro 0.44mg

Vitamine (vitamina A, B-6, B-12; C; D, D2, D3, K, riboflavina, niacina, tiamina, K)

Calorie 99

6. Insalata piccante di fagiolini ricetta

Ingredienti:

½ tazza di fagiolini verdi in scatola

1 grosso pomodoro

1 tazza di radicchio tritato

2 tazze di tonno in scatola, senza olio

1 cucchiaio di salsa di pomodoro

1 cucchiaino di peperoncino

½ cucchiaino di pepe

½ cucchiaino di salsa tabasco

1 cucchiaio di olio d'oliva

sale q.b.

Preparazione:

In primo luogo si vuole preparare una salsa piccante. Mescolare la salsa di pomodoro con peperoncino, pepe e salsa di tabasco fino ad ottenere un impasto omogeneo (è possibile aggiungere qualche goccia di succo di limone, ma è opzionale). Lavare e tagliare pomodoro, unirlo con gli altri ingredienti e la salsa piccante. Condire con olio e sale.

Valori nutrizionali per una tazza:

Carboidrati 15.9g

Zucchero 7.1g

Proteine 19,1 g

Grassi totali (grasso buono monoinsaturo) 12.1g

Sodio 167.2 mg

Potassio 73mg

Calcio 46.9mg

Ferro 0.54mg

Vitamine (vitamina A, B-6, B-12; C; D, D2, D3, K, riboflavina, niacina, tiamina, K)

Calorie 87

7. Insalata uova e cipolle

Ingredienti:

2 cipolle medie

4 uova sode

1 carota grattugiata

1 tazza di spinaci tritati

1 cucchiaio di zenzero fresco grattugiato

1 cucchiaio di succo di limone

1 cucchiaio di olio d'oliva

1 cucchiaino di curcuma a terra

sale q.b.

Preparazione:

Sbucciare e tagliare le cipolle. Salare e lasciar riposare per 15-20 minuti. Lavare e spremere, cospargere un po' di succo di limone e far riposare. Nel frattempo, far bollire le uova per circa 10 minuti, togliere dal fuoco, sbucciare e tagliare a dadini. Mischiare con spinaci, carote grattugiate e zenzero. Aggiungere le cipolle e condire con olio, sale e curcuma. Servire freddo.

Valori nutrizionali per una tazza:

Carboidrati 11.6g

Zucchero 6.1g

Proteine 18,2 g

Grassi totali (grasso buono monoinsaturo) 8.7g

Sodio 167,9 mg

Potassio 88.1mg

Calcio 56.6mg

Ferro 0.88mg

Vitamine (vitamina A, B-6, B-12; C; D, D2, D3, K, riboflavina, niacina, tiamina, K)

Calorie 79

8. Insalata di lattuga piccante

Ingredienti:

1 tazza di lattuga tritata

2 tazze di ricotta

½ tazza di mais in scatola

2 peperoncini

1 cucchiaino di peperoncino in polvere

1 cucchiaio di succo di limone

sale q.b.

Preparazione:

Unire lattuga con ricotta e mais in scatola. Tagliare il peperoncino in pezzi molto piccoli e aggiungere al composto. Mescolare il peperoncino in povere con succo di limone e versare sopra il composto. Aggiustare di sale. Servire freddo.

Valori nutrizionali per una tazza:

Carboidrati 15.8g

Zucchero 8.9g

Proteine 16,3 g

Grassi totali (grasso buono monoinsaturo) 11.9g

Sodio 185.3mg

Potassio 99.2mg

Calcio 48.9mg

Ferro 0.56mg

Vitamine (vitamina A, B-6, B-12; C; D, D2, D3, K, riboflavina, niacina, tiamina, K)

Calorie 89

9. Insalata di cavolo rosso

Ingredienti:

1 tazza di cavolo rosso triturato

½ bicchiere di carota grattugiata

½ bicchiere di barbabietole grattugiate

1 tazza di tofu

3 cucchiai di mandorle tritate

1 cucchiaio di estratto di mandorla

1 cucchiaio di olio di mandorle

sale q.b.

Preparazione:

Mescolare le verdure in una ciotola capiente. Aggiungere tofu, mandorle tritate e estratto di mandorle. Condire con olio di mandorle e sale. È possibile aggiungere un po' di succo di limone o aceto, ma è facoltativo.

Valori nutrizionali per una tazza:

Carboidrati 13,9 g

Zucchero 6.1g

Proteine 17,2 g

Grassi totali (grasso buono monoinsaturo) 12.1g

Sodio 142,5 mg

Potassio 86.7mg

Calcio 46.9mg

Ferro 0.58mg

Vitamine (vitamina A, B-6, B-12; C; D, D2, D3, K, riboflavina, niacina, tiamina, K)

Calorie 93

10. Insalata fagiolini e spinaci

Ingredienti:

1 tazza di fagiolini verdi in scatola

1 tazza di spinaci tritati

2 scatole di tonno, senza olio

1 cucchiaio di olio d'oliva

1 cucchiaino di aceto di vino rosso

sale q.b.

1 cucchiaio di curcuma in polvere

Preparazione:

Unire i fagioli verdi con spinaci tritati e tonno. Condire con olio d'oliva, aceto e sale. Aggiungere un po' di curcuma prima di servire.

Valori nutrizionali per una tazza:

Carboidrati 15.9g

Zucchero 7g

Proteine 19.9g

Grassi totali (grasso buono monoinsaturo) 13,9 g

Sodio 124,7 mg

Potassio 86.9mg

Calcio 46.7mg

Ferro 0,55 mg

Vitamine (vitamina A, B-6, B-12; C; D, D2, D3, K, riboflavina, niacina, tiamina, K)

Calorie 81

11. Insalata deliziosa di pollo

Ingredienti:

2 fette sottili di pollo disossato senza pelle

1 cipolla grande

1 grande peperone rosso

½ tazza di mais in scatola

1 cucchiaio di crema light

1 cucchiaio di curry

1 cucchiaino di salsa al curry

1 cucchiaio di succo di limone

sale q.b.

2 cucchiai di olio per friggere

Preparazione:

Tagliare il petto di pollo a cubetti di media grandezza. Mescolare olio, curry e salsa al curry in una grande casseruola. Aggiungere i cubetti di pollo e friggere a temperatura bassa per circa 25 minuti. Mescolare bene e aggiungere crema e succo di limone. Rimuovere dal fuoco e lasciarlo raffreddare. Nel frattempo, sbucciare e tagliare la cipolla a fettine sottili. Mescolare con pezzetti di peperone rosso e mais in scatola. Aggiungere il pollo e mescolare bene. Aggiustare di sale.

Valori nutrizionali per una tazza:

Carboidrati 10.2g

Zucchero 8,8 g

Proteine 15,1 g

Grassi totali (grasso buono monoinsaturo) 9.6g

Sodio 143.4 mg

Potassio 91mg

Calcio 65.5mg

Ferro 0.41mg

Vitamine (vitamina A, B-6, B-12; C; D, D2, D3, K, riboflavina, niacina, tiamina, K)

48 Insalate Ad Alto Contenuto Proteico Per Bodybuilders

Calorie 87

12. Insalata leggera di tacchino

Ingredienti:

3 fette sottili di petto di tacchino affumicato

1 tazza di lattuga

1 pomodoro piccolo

1 cipolla piccola

1 peperone rosso

1 cucchiaio di succo di limone

sale q.b.

Preparazione:

Tagliare le verdure a pezzetti. Combinarle con le fette di petto di tacchino e condire con sale e succo di limone.

Valori nutrizionali per una tazza:

Carboidrati 13.3g

Zucchero 7.6g

Proteine 15,2 g

Grassi totali (grasso buono monoinsaturo) 9.7g

Sodio 124mg

Potassio 89mg

Calcio 41.6mg

Ferro 0.39mg

Vitamine (vitamina A, B-6, B-12; C; D, D2, D3, K, riboflavina, niacina, tiamina, K)

Calorie 71

13. Insalata di uova e crema bianca

Ingredienti:

4 uova

2 tazze di ricotta

½ bicchiere di crema magra

1 grosso pomodoro

1 cipolla grande

1 cucchiaio di nocciole tritate

1 cucchiaio di succo di limone

sale q.b.

Preparazione:

Far bollire le uova per circa 10 minuti. Sbucciare e tagliare in 8 parti uguali. Mescolare con il resto degli ingredienti e aggiungere il succo di limone e sale. Conservare in frigorifero per circa 20 minuti prima di servire.

Valori nutrizionali per una tazza:

Carboidrati 16.9g

Zucchero 8.1g

Proteine 17,9 g

Grassi totali (grasso buono monoinsaturo) 9.9g

Sodio 132,8 mg

Potassio 91mg

Calcio 52.7mg

Ferro 0.71mg

Vitamine (vitamina A, B-6, B-12; C; D, D2, D3, K, riboflavina, niacina, tiamina, K)

Calorie 92

14. Insalata di frittata spagnola

Ingredienti:

Per la frittata:

3 uova

2 tazze di petto di pollo tritato senza pelle

1 peperone rosso

1 cucchiaino di rosmarino secco

olio per friggere

¼ cucchiaino di pepe

Per l'insalata:

1 tazza di lattuga tritata

½ tazza di broccoli bolliti

1 pomodoro medio

¼ di tazza di olive

1 cucchiaio di olio d'oliva

1 cucchiaio di succo di limone

sale

Preparazione:

In primo luogo fare una frittata. Utilizzare una grande casseruola e aggiungere un po' di olio. Friggere il pollo a temperatura media per circa 15-20 minuti, fino a quando assumerà un bel colore dorato, mescolando continuamente. Aggiungere il peperoncino tritato e mescolare bene. Nel frattempo, sbattere le uova in una ciotola e aggiungere il rosmarino. Mescolare carne e peperone rosso in una pentola e far rosolare per qualche minuto. Rimuovere dal fuoco e lasciarla raffreddare per 10 minuti.

Unire lattuga, broccoli bolliti e pomodori in una grande ciotola. Aggiungere le olive e la frittata, mescolare bene e condire con olio d'oliva e succo di limone. Aggiustare di sale.

Valori nutrizionali per una tazza:

Carboidrati 20.5g

Zucchero 10.9g

Proteine 22,4 g

Grassi totali (grasso buono monoinsaturo) 15.9g

Sodio 157.9mg

Potassio 112mg

Calcio 69.9mg

Ferro 0.61mg

Vitamine (vitamina A, B-6, B-12; C; D, D2, D3, K, riboflavina, niacina, tiamina, K)

Calorie 127

15. Insalata di rucola

Ingredienti:

1 grosso pomodoro

1 cipolla piccola

1 cucchiaio di aglio tritato

1 tazza di rucola tritata

1 tazza di ricotta

1 cucchiaio di succo di limone

Sale e pepe a piacere

Preparazione:

Lavare e tagliare le verdure. Unire gli ingredienti in una grande ciotola e condire con succo di limone, sale e pepe.

È possibile aggiungere un po' di peperoncino, curry, curcuma o zenzero, a seconda dei gusti, ed è opzionale.

Valori nutrizionali per una tazza:

Carboidrati 17.1g

Zucchero 11.2g

Proteine 23,9 g

Grassi totali (grasso buono monoinsaturo) 16.5g

Sodio 127mg

Potassio 86mg

Calcio 46.9mg

Ferro 0.39mg

Vitamine (vitamina A, B-6, B-12; C; D, D2, D3, K, riboflavina, niacina, tiamina, K)

Calorie 90

16. Insalata di mele

Ingredienti:

1 grande mela

1 tazza di spinaci tritati

1.5 tazza di crema light

1 cucchiaio di succo di mela

½ tazza di lenticchie in scatola

1 cucchiaino di aceto di mele

Preparazione:

Lavare e sbucciare la mela. Tagliarla a fettine sottili. Utilizzare una grande ciotola per mischiare la mela agli altri ingredienti. Condire con aceto di mele e servire freddo.

Valori nutrizionali per una tazza:

Carboidrati 19.7g

Zucchero 13.8g

Proteine 21,2 g

Grassi totali (grasso buono monoinsaturo) 13,9 g

Sodio 120,7 mg

Potassio 80.9mg

Calcio 49.3mg

Ferro 0.33mg

Vitamine (vitamina A, B-6, B-12; C; D, D2, D3, K, riboflavina, niacina, tiamina, K)

Calorie 79

17. Insalata mediterranea

Ingredienti:

3 filetti di sgombro, senza spine

olio per friggere

sale

1 cucchiaino di rosmarino in polvere

1 tazza di pomodori ciliegia

¼ di tazza di olive

1 cucchiaino di aglio tritato

1 cucchiaino di basilico in polvere

2 cucchiai di succo di limone

sale q.b.

Preparazione:

Cospargere i filetti di sgombro con rosmarino e friggere in una grande casseruola a 350 gradi per circa 10 minuti per ogni lato, o fino a quando avrà un bel colore dorato. Utilizzare una carta da cucina per assorbire l'olio in eccesso. Lasciarlo raffreddare per circa 15 minuti e tagliarlo in cubetti uguali.

Mescolare il pesce con gli altri ingredienti in una ciotola capiente. Aggiungere l'aglio, il basilico e il succo di limone. Aggiustare di sale e servire caldo.

Valori nutrizionali per una tazza:

Carboidrati 21.9g

Zucchero 14.5g

Proteine 24.9g

Grassi totali (grasso buono monoinsaturo) 17.8g

Sodio 135,9 mg

Potassio 75.9mg

Calcio 47.9mg

Ferro 0.82mg

Vitamine (vitamina A, B-6, B-12; C; D, D2, D3, K, riboflavina, niacina, tiamina, K)

Calorie 120

18. Insalata tonno e olive

Ingredienti:

2 tazze di tonno in scatola senza olio

1 tazza di lattuga tritata

1 cipolla piccola

½ tazza di olive

¼ di tazza di pezzetti di peperone rosso

1 cucchiaio di olio d'oliva

sale

1 cucchiaio di succo di limone

Preparazione:

Sbucciare e tagliare la cipolla a pezzetti. Mescolare con tonno in scatola e lattuga tritata. Mescolare bene. Aggiungere le olive e peperoncino tritato. Condire con olio, sale e succo di limone. Conservare in frigorifero per circa 20-30 minuti.

Valori nutrizionali per una tazza:

Carboidrati 21.8g

Zucchero 13.5g

Proteine 24,1 g

Grassi totali (grasso buono monoinsaturo) 11.9g

Sodio 129,5 mg

Potassio 72.8mg

Calcio 44.9mg

Ferro 0.41mg

Vitamine (vitamina A, B-6, B-12; C; D, D2, D3, K, riboflavina, niacina, tiamina, K)

Calorie 118

19. Insalata di carote

Ingredienti:

1 carota grande, grattugiata

2 tazze di yogurt greco

½ tazza di lenticchie in scatola

1 tazza di lattuga tritata

1 cucchiaio di olio d'oliva

1 cucchiaino di aceto di mele

sale q.b.

Preparazione:

Mescolare carota, yogurt greco e lenticchie in una ciotola. Mantenere questa miscela in frigorifero per almeno un'ora. Togliere dal frigo e aggiungere lattuga tritata, olio d'oliva e aceto di mele. Mescolare bene e servire. Aggiustare di sale.

Valori nutrizionali per una tazza:

Carboidrati 19.4g

Zucchero 17.8g

Proteine 22,1 g

Grassi totali (grasso buono monoinsaturo) 18.9g

Sodio 131,9 mg

Potassio 89.6mg

Calcio 44.8mg

Ferro 0.41mg

Vitamine (vitamina A, B-6, B-12; C; D, D2, D3, K, riboflavina, niacina, tiamina, K)

Calorie 82

20. Insalata pollo e noci

Ingredienti:

3 fette di petto di pollo, senza pelle e ossa

1 tazza di spinaci

1 pomodoro piccolo

1 tazza di noci tritate

1 cucchiaio di olio di mandorle

sale q.b.

Preparazione:

Per questa insalata è necessario cucinare la carne di pollo. Utilizzare una pentola e far cuocere il petto di pollo per almeno 30 minuti a 350 gradi. Controllare la cottura prima di servirlo. Utilizzare una forchetta e verificare se la carne è abbastanza morbida. Togliere dalla pentola e tagliarlo a dadini di media grandezza. Lavare e tagliare le verdure, aggiungere le noci, petto di pollo e mescolare bene. Condire con olio di mandorle, sale e noci tritate.

Valori nutrizionali per una tazza:

Carboidrati 25g

Zucchero 11.4g

Proteine 28,9 g

Grassi totali (grasso buono monoinsaturo) 19.9g

Sodio 136,5 mg

Potassio 93.8mg

Calcio 51.9mg

Ferro 0.39mg

Vitamine (vitamina A, B-6, B-12; C; D, D2, D3, K, riboflavina, niacina, tiamina, K)

Calorie 159

21. Insalata mandorla e uova

Ingredienti:

4 uova sode,

½ tazza di mandorle grattugiate

1 grande cetriolo, tagliato a cubetti

1 tazza di pomodori ciliegia

1 tazza di yogurt greco

1 cucchiaio di succo di limone

1 cucchiaio di semi di lino di olio

sale q.b.

Preparazione:

Sminuzzare le uova in una ciotola capiente, con una forchetta. Versare lo yogurt greco e mescolare bene. Aggiungere cetrioli e pomodorini e lasciare in frigo per almeno 30 minuti. Togliere dal frigo, aggiungere le mandorle grattugiate e condire con succo di limone, olio di lino e il sale.

Valori nutrizionali per una tazza:

Carboidrati 17.7g

Zucchero 10.3g

Proteine 26.8g

Grassi totali (grasso buono monoinsaturo) 15.2g

Sodio 156.9mg

Potassio 92.8mg

Calcio 55.7mg

Ferro 0.79mg

Vitamine (vitamina A, B-6, B-12; C; D, D2, D3, K, riboflavina, niacina, tiamina, K)

Calorie 135

22. Insalata al limone

Ingredienti:

1 tazza di lattuga tritata

1 tazza di ricotta

¼ tazza di succo di limone

1 cucchiaino di aglio tritato

sale q.b.

Preparazione:

Unire gli ingredienti in una ciotola capiente. Conservare in frigorifero per almeno 30 minuti. È possibile aggiungere un po' di pepe, ma è facoltativo.

Valori nutrizionali per una tazza:

Carboidrati 8.2g

Zucchero 5.9g

Proteine 10,1 g

Grassi totali (grasso buono monoinsaturo) 7.6g

Sodio 131mg

Potassio 85mg

Calcio 45mg

Ferro 0.34mg

Vitamine (vitamina A, B-6, B-12; C; D, D2, D3, K, riboflavina, niacina, tiamina, K)

Calorie 50

23. Insalata di spinaci

Ingredienti:

1 tazza di spinaci freschi

1 tazza di noci tritate

¼ di tazza di mais dolce, in scatola

¼ di tazza di fagioli cotti

1 cucchiaino di olio di girasole

sale q.b.

Preparazione:

Unire gli ingredienti in una ciotola capiente. Mescolare bene e tenere in frigo per circa 30 minuti. Servire freddo.

Valori nutrizionali per una tazza:

Carboidrati 23g

Zucchero 14.9g

Proteine 26,1 g

Grassi totali (grasso buono monoinsaturo) 11.6g

Sodio 167,9 mg

Potassio 92.8mg

Calcio 47.9mg

Ferro 0.57mg

Vitamine (vitamina A, B-6, B-12; C; D, D2, D3, K, riboflavina, niacina, tiamina, K)

Calorie 111

24. Insalata mista di verdure

Ingredienti:

1 pomodoro medio

1 cipolla media

1 tazza di lattuga tritata

1 tazza di spinaci tritati

½ bicchiere di rucola tritata

1 piccolo peperone rosso

½ tazza di cavolo grattugiato

1 tazza di ricotta

2 cucchiai di olio di girasole

1 cucchiaio di aceto di mele

sale q.b.

Preparazione:

Per questa ricetta ci vogliono circa 10 minuti. Mescolare le verdure in una grande ciotola e condire con olio, aceto e sale q.b.

Valori nutrizionali per una tazza:

Carboidrati 11.2g

Zucchero 8.7g

Proteine 10,8 g

Grassi totali (grasso buono monoinsaturo) 6.8g

Sodio 156,3 mg

Potassio 91mg

Calcio 65.5mg

Ferro 0.71mg

Vitamine (vitamina A, B-6, B-12; C; D, D2, D3, K, riboflavina, niacina, tiamina, K)

Calorie 50

25. Insalata menta e tonno

Ingredienti:

2 tazze di tonno in scatola

2 pomodori medi

1 cipolla piccola

1 cucchiaio di menta secca

1 cucchiaio di olio d'oliva

1 cucchiaio di succo di limone

sale q.b.

Preparazione:

Sbucciare e tagliare cipolla e pomodoro a fette sottili. Mescolare con tonno e menta secca. Aggiungere olio d'oliva, succo di limone e sale. Conservare in frigorifero per circa 20-30 minuti.

Valori nutrizionali per una tazza:

Carboidrati 17.5g

Zucchero 10.1g

Proteine 27,4 g

Grassi totali (grasso buono monoinsaturo) 15.8g

Sodio 126,1 mg

Potassio 89mg

Calcio 44.1mg

Ferro 0.39mg

Vitamine (vitamina A, B-6, B-12; C; D, D2, D3, K, riboflavina, niacina, tiamina, K)

Calorie 99

26. Insalata di quinoa

Ingredienti:

1/3 di tazza di quinoa

1 tazza di ravanello tritato

½ tazza di cavolo grattugiato

½ tazza di formaggio feta

olio d'oliva

sale q.b.

Preparazione:

In primo luogo cucinare la quinoa. Per cuocere una tazza di quinoa, servono due tazze di acqua. Ci vogliono circa 20 minuti, ad una temperatura bassa. Togliere dal fuoco e scolare. Lasciarla raffreddare per un po'.

Mescolare la quinoa con ravanello tritato e cavolo grattugiato. Aggiungere formaggio feta, olio d'oliva e poco sale.

Valori nutrizionali per una tazza:

Carboidrati 14.5g

Zucchero 10.9g

Proteine 13,2 g

Grassi totali (grasso buono monoinsaturo) 11.6g

Sodio 131,8 mg

Potassio 89mg

Calcio 49.4mg

Ferro 0.57mg

Vitamine (vitamina A, B-6, B-12; C; D, D2, D3, K, riboflavina, niacina, tiamina, K)

Calorie 69

27. Insalata di patata dolce e formaggio

Ingredienti:

1 patata media dolce

1 cipolla grande

1 tazza di ricotta

1 cucchiaio di olio di mandorle

sale

1 cucchiaio di prezzemolo tritato

Preparazione:

Sbucciare le patate tagliarle a fettine sottili. Metterle in acqua bollente e lasciar cuocere finché saranno tenere. Rimuovere dal fuoco, scolare e far raffreddare.

Sbucciare e tagliare la cipolla a pezzetti. Salare e lasciar riposare per 10-15 minuti. Lavare e mescolare con ricotta e patate a fette. Condire con olio di mandorle, sale e prezzemolo tritato.

Valori nutrizionali per una tazza:

Carboidrati 18.1g

Zucchero 13.3g

Proteine 21g

Grassi totali (grasso buono monoinsaturo) 14.9g

Sodio 139.7 mg

Potassio 84.3mg

Calcio 49.1mg

Ferro 0.41mg

Vitamine (vitamina A, B-6, B-12; C; D, D2, D3, K, riboflavina, niacina, tiamina, K)

Calorie 103

28. Insalata di broccoli alla griglia

Ingredienti:

1 tazza di broccoli freschi

olio per friggere

1 cucchiaino di salsa al pepe verde

1 tazza di yogurt greco

1 cucchiaino di estratto di aglio

1 cucchiaio di basilico in polvere

sale q.b.

Preparazione:

Per questa ricetta serve una bistecchiera. Cospargere di olio e soffriggere i broccoli per circa 20 minuti. Mescolare bene. Bisogna ottenere un bel colore marrone dorato. Dopo circa 20 minuti, aggiungere 1 cucchiaio di salsa al pepe verde, mescolare bene e togliere dal fuoco. Unire i broccoli alla griglia con gli altri ingredienti e aggiungere un po' di sale. Conservare in frigorifero per almeno 30 minuti prima di servire.

Valori nutrizionali per una tazza:

Carboidrati 10.1g

Zucchero 6.8g

Proteine 12,1 g

Grassi totali (grasso buono monoinsaturo) 8.5g

Sodio 124,1 mg

Potassio 85.2mg

Calcio 45.6mg

Ferro 0.35mg

Vitamine (A, B-6, B-12; C; D, D2, D3, K, riboflavina, niacina, tiamina)

Calorie 50

29. Insalata di ricotta

Ingredienti:

2 tazze di ricotta

1 grande cetriolo

½ tazza di noci tritate

¼ di tazza di succo di lime

¼ di tazza di crema light

1 cucchiaino di estratto di lime

1 cucchiaio di olio d'oliva

¼ cucchiaino di pepe

Preparazione:

In primo luogo fare una miscela di lime. Mescolare il succo di lime con un crema light, estratto di lime e olio d'oliva. Aggiungere un po' di pepe a piacere. Mescolare bene e lasciare in frigo per circa 30 minuti. Sbucciare e tagliare il cetriolo a dadini e mescolare con noci tritate e ricotta. Versare il condimento sopra l'insalata e servire freddo.

Valori nutrizionali per una tazza:

Carboidrati 29g

Zucchero 17.5g

Proteine 32,1 g

Grassi totali (grasso buono monoinsaturo) 21.3g

Sodio 145,4 mg

Potassio 87.3mg

Calcio 43.9mg

Ferro 0.42mg

Vitamine (vitamina A, B-6, B-12; C; D, D2, D3, K, riboflavina, niacina, tiamina, K)

Calorie 131

30. Insalata di lenticchie

Ingredienti:

1 tazza di lenticchie in scatola

1 piccola melanzana

¼ di tazza di crema light

¼ tazza di succo di limone

2 cucchiai di olio d'oliva

1 cucchiaio di prezzemolo tritato

1 grosso pomodoro

1 cipolla piccola

Preparazione:

Sbucciare e lavare le melanzane. Tagliarle a fette sottili e mescolarle ad una crema basso contenuto di grassi, il succo di limone e l'olio d'oliva. Utilizzare un miscelatore elettrico, o un frullatore per ottenere una mousse liscia. Lasciare raffreddare in frigorifero per circa 30 minuti. Nel frattempo tagliare le verdure a fette sottili. Mescolare con la mousse. Spolverare di prezzemolo e servire.

Valori nutrizionali per una tazza:

Carboidrati 15.2g

Zucchero 9.9g

Proteine 15,2 g

Grassi totali (grasso buono monoinsaturo) 10.6g

Sodio 133,8 mg

Potassio 91mg

Calcio 49.1mg

Ferro 0.52mg

Vitamine (A, B-6, B-12; C; D, D2, D3, K, riboflavina, niacina, tiamina)

Calorie 77

31. Insalata seitan e curry

Ingredienti:

1 tazza di seitan bianco spezzettato

1 tazza di lattuga tritata

2 peperoni verdi

1 cucchiaio di salsa al curry

1 cucchiaino di curry in polvere

1 cucchiaio di olio d'oliva

sale

Preparazione:

Questa è un'altra veloce ricetta ricca di proteine. Unire lattuga con seitan bianco e peperone tritato. Aggiungere la salsa al curry, curry in polvere, olio d'oliva, sale e mescolare bene. Lasciare in frigorifero per circa un'ora prima di servire.

Valori nutrizionali per una tazza:

Carboidrati 12.2g

Zucchero 5.9g

Proteine 15,1 g

Grassi totali (grasso buono monoinsaturo) 10.6g

Sodio 141,8 mg

Potassio 89mg

Calcio 44.5mg

Ferro 0.51mg

Vitamine (vitamina A, B-6, B-12; C; D, D2, D3, K, riboflavina, niacina, tiamina, K)

Calorie 60

32. Insalata di funghi

Ingredienti:

½ tazza di riso integrale

2 tazze di funghi freschi

1 cucchiaio di olio

1 grosso pomodoro

¼ di tazza di prezzemolo fresco

¼ di tazza di succo di lime

sale

Pepe

Preparazione:

Per prima cosa è necessario per cucinare il riso. Lavarlo e metterlo in una casseruola con 1 tazza di acqua. Mescolare bene e portare al punto di ebollizione. Coprire la padella con un coperchio e cuocere per circa 15 minuti a bassa temperatura. Rimuovere dal fuoco e lasciarlo raffreddare.

Ora bisogna preparare i funghi. Lavarli e tagliarli in pezzi di dimensioni simili. Scaldare una padella a temperatura bassa e aggiungere l'olio. Aggiungere i funghi e mescolare bene. Cuocere a bassa temperatura fino a quando tutti i funghi si saranno ammorbiditi, o fino a quando tutta l'acqua sarà evaporata. Togliere dalla padella. Aggiungere sale e mescolare con il riso.

Tagliare il pomodoro a dadini e unire tutti gli ingredienti con riso e funghi. Condire con sale, pepe e succo di lime. Servire caldo.

Valori nutrizionali per una tazza:

Carboidrati 18.6g

Zucchero 11.3g

Proteine 21.9g

Grassi totali (grasso buono monoinsaturo) 14.2g

Sodio 153,3 mg

Potassio 89.8mg

Calcio 49.9mg

Ferro 0.42mg

Vitamine (vitamina A, B-6, B-12; C; D, D2, D3, K, riboflavina, niacina, tiamina, K)

Calorie 79

33. Insalata cetriolo e yogurt

Ingredienti:

1 grande cetriolo

1 cucchiaino di aglio tritato

1 tazza di yogurt a basso contenuto di grassi

1 cucchiaio di ricotta

Preparazione:

Sbucciare e tagliare il cetriolo a fettine sottili. Mescolare con yogurt, formaggio e aglio. Lasciare in frigorifero per almeno 30 minuti prima di servire. È possibile aggiungere un po' di sale, ma questo è opzionale.

Valori nutrizionali per una tazza:

Carboidrati 10.2g

Zucchero 7.9g

Proteine 11,2 g

Grassi totali (grasso buono monoinsaturo) 8.6g

Sodio 120,9 mg

Potassio 81mg

Calcio 44.5mg

Ferro 0.51mg

Vitamine (vitamina A, B-6, B-12; C; D, D2, D3, K, riboflavina, niacina, tiamina, K)

Calorie 52

34. Insalata primavera

Ingredienti:

1 tazza di spinaci tritati

½ tazza di cavolo grattugiato

¼ di tazza di mais in scatola

1 tazza di yogurt a basso contenuto di grassi

1 cucchiaio di succo di lime

Preparazione:

Unire lo yogurt magro con succo di lime, mescolare bene e lasciare in frigo per 30 minuti.

Utilizzare una grande ciotola e mescolare spinaci, cavolo grattugiato e mais con salsa di lime.
Servire freddo.

Valori nutrizionali per una tazza:

Carboidrati 16.2g

Zucchero 9.4g

Proteine 19,1 g

Grassi totali (grasso buono monoinsaturo) 13,9 g

Sodio 144,5 mg

Potassio 86mg

Calcio 45.9mg

Ferro 0.36mg

Vitamine (vitamina A, B-6, B-12; C; D, D2, D3, K, riboflavina, niacina, tiamina, K)

Calorie 79

35. Insalata di yogurt greco

Ingredienti:

3 cucchiai di yogurt greco

1 cucchiaio di parmigiano

1 cucchiaino di senape

1 cucchiaino di aglio

1 tazza di fagiolini in scatola

1 tazza di lattuga tritata

1 cucchiaio di olio d'oliva

sale

Preparazione:

Utilizzare un miscelatore elettrico per alcuni minuti per mescolare yogurt greco con parmigiano, aglio e senape. Ottenere un composto omogeneo. Lasciar raffreddare in frigorifero per circa 30 minuti. Nel frattempo, unire i fagiolini con lattuga tritata e olio d'oliva.

Mescolare con yogurt greco e aggiungere un po' di sale. Servire freddo.

Valori nutrizionali per una tazza:

Carboidrati 11.7g

Zucchero 8.9g

Proteine 10,2 g

Grassi totali (grasso buono monoinsaturo) 11.6g

Sodio 133,2 mg

Potassio 84 mg

Calcio 42.6mg

Ferro 0.32mg

Vitamine (vitamina A, B-6, B-12; C; D, D2, D3, K, riboflavina, niacina, tiamina, K)

Calorie 55

36. Insalata di ceci

Ingredienti:

1 tazza di ceci in scatola, scolati

1 pomodoro piccolo

1 piccola cipolla sbucciata

1 peperoncino, appena macinato

1 cucchiaio di olio extravergine d'oliva

1/4 cucchiaino di sale marino

1 cucchiaino di senape

Preparazione:

Affettare finemente la cipolla e pomodoro e mescolarli con peperoncino e ceci. Mettere le verdure in una grande ciotola e condire con olio extra vergine d'oliva, sale marino e senape.

Valori nutrizionali per una tazza:

Carboidrati 12.1g

Zucchero 6.9g

Proteine 11,2 g

Grassi totali (grasso buono monoinsaturo) 11.8g

Sodio 123,4 mg

Potassio 86mg

Calcio 45.7mg

Ferro 0.37mg

Vitamine (vitamina A, B-6, B-12; C; D, D2, D3, K, riboflavina, niacina, tiamina, K)

Calorie 69

37. Insalata lattuga e feta

Ingredienti:

1 tazza di lattuga tritata

½ tazza di formaggio feta

½ tazza di fagioli rossi in scatola

1 piccola cipolla, pelata

1 piccola carota, grattugiata

1 cucchiaio di olio d'oliva

½ cucchiaino di sale marino

1 cucchiaio di succo di limone

Preparazione:

Tritare la cipolla a fettine sottili. Salare e lasciar riposare per 5-10 minuti. Nel frattempo, mescolare insalata con feta e carota grattugiata.

Lavare i fagioli e far cuocere per almeno 10 minuti, mescolando ogni tanto. Togliere dal fuoco e scolare.

Mescolare le verdure in una ciotola capiente, aggiungere i fagioli scolati e condire con olio d'oliva e succo di limone.

Valori nutrizionali per una tazza:

Carboidrati 15.9g

Zucchero 8.9g

Proteine 15,2 g

Grassi totali (grasso buono monoinsaturo) 10.6g

Sodio 151,2 mg

Potassio 91mg

Calcio 48.5mg

Ferro 0.49mg

Vitamine (vitamina A, B-6, B-12; C; D, D2, D3, K, riboflavina, niacina, tiamina, K)

Calorie 70

38. Insalata di mandorle e piselli

Ingredienti:

1 grosso pomodoro

½ tazza di piselli, in scatola

¼ di tazza di mandorle tritate

1 cucchiaino di senape

1 cucchiaio di olio d'oliva

1 cucchiaino di aceto di mele

sale q.b.

1 tazza di yogurt a basso contenuto di grassi

Preparazione:

Tagliare il pomodoro in una ciotola capiente. Aggiungere i piselli e mescolare bene. In un'altra ciotola, unire yogurt magro con aceto di mele, olio d'oliva e senape. Mescolare bene con la frusta elettrica. Aggiungere le mandorle tritate e versare sopra il pomodoro e i piselli. Aggiustare di sale.

Valori nutrizionali per una tazza:

Carboidrati 14.9g

Zucchero 9.8g

Proteine 14,2 g

Grassi totali (grasso buono monoinsaturo) 11.6g

Sodio 163,8 mg

Potassio 89mg

Calcio 42.5mg

Ferro 0.34mg

Vitamine (vitamina A, B-6, B-12; C; D, D2, D3, K, riboflavina, niacina, tiamina, K)

Calorie 71

39. Insalata fagioli e spinaci

Ingredienti:

1 tazza di spinaci tritati

½ tazza di fagiolini, in scatola

2 tazze di tonno, senza olio

1 cucchiaino di succo di lime

sale

Preparazione:

Unire i fagioli con spinaci tritati e tonno in una ciotola. Mescolare bene e condire con succo di lime e sale a piacere. Una ricetta semplice ma estremamente gustosa e pieno di buone proteine.

Valori nutrizionali per una tazza:

Carboidrati 24.9g

Zucchero 17g

Proteine 31.9g

Grassi totali (grasso buono monoinsaturo) 15.4g

Sodio 125mg

Potassio 73.5mg

Calcio 48.2mg

Ferro 0.37mg

Vitamine (vitamina A, B-6, B-12; C; D, D2, D3, K, riboflavina, niacina, tiamina, K)

Calorie 108

40. Insalata di carote e curry

Ingredienti:

1 tazza di carota grattugiata fresca

¼ di tazza di cipolla a dadini

¼ di tazza di semi di girasole

1 cucchiaino di curry in polvere

1 cucchiaio di crema light

1 cucchiaino di aceto di mele

½ cucchiaino di sale marino

Preparazione:

In una grande ciotola, unire carota fresca con dadini di cipolla e semi di girasole. Mescolare bene e mettere da parte. Sbattere insieme curry, crema e aceto di mele. Versare il condimento sopra l'insalata e aggiungere il sale. Lasciare in frigorifero durante la notte.

Valori nutrizionali per una tazza:

Carboidrati 14.2g

Zucchero 8.9g

Proteine 10g

Grassi totali (grasso buono monoinsaturo) 9.6g

Sodio 122.2 mg

Potassio 81mg

Calcio 45.5mg

Ferro 0.37mg

Vitamine (vitamina A, B-6, B-12; C; D, D2, D3, K, riboflavina, niacina, tiamina, K)

Calorie 55

41. Insalata di pollo con aglio

Ingredienti:

3 petti di pollo, senza pelle

3 tazze di acqua

1 pomodoro medio

1 grande peperone verde

1 cucchiaino di aglio tritato

1 cucchiaino di aceto di mele

1 cucchiaino di senape

3 cucchiai di yogurt greco

1 cucchiaino di olio d'oliva

½ cucchiaino di sale marino

Preparazione:

Mettere il petto di pollo in una casseruola profonda. Aggiungere l'acqua e far cuocere a temperatura media per circa 30 minuti. Mettere da parte e lasciarlo raffreddare.

In una grande ciotola, grossolanamente tritare il pomodoro e aggiungere il sale. Tritare finemente il pepe verde e mescolare bene. Tagliare la carne di pollo a cubetti ed unire alle verdure.

Utilizzare un miscelatore elettrico per fare un condimento a base di aglio. Mescolare aglio ben tritato, aceto di mele, senape, yogurt greco e olio d'oliva. Versare questo condimento sopra l'insalata. Conservare in frigorifero per almeno 30 minuti prima di servire.

Valori nutrizionali per una tazza:

Carboidrati 31g

Zucchero 19.1g

Proteine 36.6g

Grassi totali (grasso buono monoinsaturo) 17.5g

Sodio 131.5mg

Potassio 84 mg

Calcio 47.4mg

Ferro 0.37mg

Vitamine (vitamina A, B-6, B-12; C; D, D2, D3, K, riboflavina, niacina, tiamina, K)

Calorie 142

42. Insalata con fagioli neri e bianchi

Ingredienti:

½ tazza di fagioli neri in scatola

½ tazza di fagioli bianchi in scatola

1 cipolla piccola

1 peperoncino

1 cucchiaio di olio d'oliva

1 cucchiaino di succo di limone

½ cucchiaino di sale marino

Preparazione:

Tritare finemente la cipolla e peperoncino. Mescolare con i fagioli in una grande ciotola e cospargere di olio d'oliva, succo di limone e sale. Servire freddo.

Valori nutrizionali per una tazza:

Carboidrati 15.2g

Zucchero 5.9g

Proteine 14,4 g

Grassi totali (grasso buono monoinsaturo) 8.6g

Sodio 128 mg

Potassio 83mg

Calcio 41.5mg

Ferro 0.33mg

Vitamine (vitamina A, B-6, B-12; C; D, D2, D3, K, riboflavina, niacina, tiamina, K)

Calorie 59

43. Insalata greca

Ingredienti:

2 tazze di yogurt greco

1 tazza di lattuga tritata finemente

½ tazza di spinaci tritati finemente

½ tazza di pomodorini

1 cucchiaino di basilico essiccato

1 cucchiaino di aceto di mele

1 cucchiaio di olio d'oliva

½ cucchiaino di sale marino

Preparazione:

Utilizzare un miscelatore elettrico per mescolare yogurt greco con aceto di mele, basilico e olio d'oliva. Aggiungere un po' di sale a piacere. Tenere questo condimento in frigorifero per circa 30 minuti.

Nel frattempo, unire le verdure in una grande ciotola e versare il condimento su di essa.

Valori nutrizionali per una tazza:

Carboidrati 25.8g

Zucchero 14.4g

Proteine 29,2 g

Grassi totali (grasso buono monoinsaturo) 18.1g

Sodio 129,3 mg

Potassio 87mg

Calcio 47.3mg

Ferro 0.42mg

Vitamine (vitamina A, B-6, B-12; C; D, D2, D3, K, riboflavina, niacina, tiamina, K)

Calorie 89

44. Insalata di tacchino e basilico

Ingredienti:

3 fette di petto di tacchino, senza ossa

olio per friggere

1 cipolla piccola

2 cucchiai di sedano tritato

4 cucchiai di crema light

1 cucchiaino di aceto di mele

¼ cucchiaino di peperoncino in polvere

½ cucchiaino di sale

Preparazione:

Utilizzare una padella per preriscaldare l'olio a 400 gradi. Lavare la carne e asciugare con una carta da cucina. Tagliarla a striscioline e lentamente metterla in padella. Friggere per circa 15 minuti, mescolando continuamente.

Rimuovere dal fuoco e lasciarla raffreddare per un po'.

Sbucciare e tritare finemente la cipolla. In una grande ciotola, unire strisce di tacchino, cipolla e sedano tritati. Cospargere con un crema light, aceto di mele, peperoncino e sale. Mescolare bene e servire.

Valori nutrizionali per una tazza:

Carboidrati 28.4g

Zucchero 17g

Proteine 35.5g

Grassi totali (grasso buono monoinsaturo) 19.4g

Sodio 155.1mg

Potassio 91mg

Calcio 54.4mg

Ferro 0.43mg

Vitamine (vitamina A, B-6, B-12; C; D, D2, D3, K, riboflavina, niacina, tiamina, K)

Calorie 148

45. Insalata con pomodori secchi

Ingredienti:

1 tazza di pomodori secchi tritati

½ tazza di lattuga

1 uovo sodo

½ tazza di mais

1 cucchiaio di olio d'oliva

1 cucchiaino di succo di lime

½ cucchiaino di sale

Preparazione:

Sbucciare e tagliare l'uovo in fettine sottili. In una grande ciotola, unire con pomodori secchi, lattuga e mais. Condire con olio d'oliva, succo di lime e sale. Mescolare bene.

Valori nutrizionali per una tazza:

Carboidrati 14.1g

Zucchero 9.9g

Proteine 15,2 g

Grassi totali (grasso buono monoinsaturo) 11.6g

Sodio 132,2 mg

Potassio 81mg

Calcio 49.1mg

Ferro 0.41mg

Vitamine (vitamina A, B-6, B-12; C; D, D2, D3, K, riboflavina, niacina, tiamina, K)

Calorie 60

46. Insalata di amaranto e mango

Ingredienti:

1/3 di tazza di amaranto

1 tazza di acqua

½ tazza di mango tritato

1 tazza di pomodori ciliegia

1 cucchiaino di rosmarino tritato essiccato

1 cucchiaino di olio di cocco

Preparazione:

Far bollire l'acqua, in una grande casseruola. Abbassare la fiamma e aggiungere l'amaranto. Cuocere per circa 20-25 minuti, mescolando continuamente, fino a quando riesce ad assorbire tutta l'acqua. Togliere dal fuoco e scolare.

Tagliare i pomodori ciliegia a metà. Mescolare con mango e amaranto. Condire con rosmarino tritato e olio di cocco.

Valori nutrizionali per una tazza:

Carboidrati 15.5g

Zucchero 10.9g

Proteine 15,2 g

Grassi totali (grasso buono monoinsaturo) 10.6g

Sodio 142,2 mg

Potassio 91mg

Calcio 51.5mg

Ferro 0.41mg

Vitamine (vitamina A, B-6, B-12; C; D, D2, D3, K, riboflavina, niacina, tiamina, K)

Calorie 71

47. Insalata con broccoli e ricotta

Ingredienti:

1 tazza di broccoli freschi

1 tazza di ricotta

1 tazza di spinaci tritati finemente

1 tazza di yogurt a basso contenuto di grassi

1 patata media, cotta

1 cucchiaino di rosmarino essiccato

sale q.b.

Pepe

Preparazione:

Mescolare broccoli freschi, ricotta, spinaci e yogurt a basso contenuto di grassi in un frullatore per 2-3 minuti. Lasciar raffreddare in frigorifero per 15-20 minuti. Nel frattempo, tagliare la patata a fettine sottili. Tritare finemente la cipolla e metterla sopra le fette di patata. Condire con la miscela di broccoli e insaporire con rosmarino, sale e pepe.

Valori nutrizionali per una tazza:

Carboidrati 15.1g

Zucchero 8.9g

Proteine 14,2 g

Grassi totali (grasso buono monoinsaturo) 11.6g

Sodio 123,4 mg

Potassio 81mg

Calcio 43.5mg

Ferro 0.34mg

Vitamine (A, B-6, B-12; C; D, D2, D3, K, riboflavina, niacina, tiamina, K)

Calorie 6

48. Insalata di avocado

Ingredienti:

1 tazza di avocado tritato

1 tazza di ricotta

1 tazza di crema light

1 tazza di pomodori ciliegia

1 cucchiaio di olio d'oliva

½ cucchiaino di sale marino

Preparazione:

Mescolare gli ingredienti in una ciotola capiente. Condire con olio d'oliva e sale marino. Lasciare raffreddare in frigorifero per circa 30 minuti prima di servire.

Valori nutrizionali per una tazza:

Carboidrati 10.2g

Zucchero 7.9g

Proteine 12,2 g

Grassi totali (grasso buono monoinsaturo) 7.4g

Sodio 123,8 mg

Potassio 85mg

Calcio 45.1mg

Ferro 0.33mg

Vitamine (vitamina A, B-6, B-12; C; D, D2, D3, K, riboflavina, niacina, tiamina, K)

Calorie 53

ALTRI GRANDI TITOLI DELL'AUTORE

www.ingramcontent.com/pod-product-compliance
Lightning Source LLC
Chambersburg PA
CBHW071742080526
44588CB00013B/2121